Qui est saint Jean l'évangéliste ?

Guy-Noël AUBRY

© 2023, Guy-Noël AUBRY
Édition : BoD – Books on Demand, info@bod.fr
Impression : BoD – Books on Demand, In de Tarpen
42, Norderstedt (Allemagne)
Impression à la demande
ISBN : 978-2-3221-8974-8
Dépôt légal : Avril 2023

Je vous salue saint Jean l'évangéliste

Je vous salue saint Jean, admirable apôtre de Jésus-Christ [1] qui avez reposé sur La Poitrine du Créateur.

Vous êtes de tous les hommes celui qui a reçu Marie, Notre Mère, au pied de La Croix ; La Mère de Dieu et celle de tous les hommes.

Vous avez vu Le Sacré-Cœur Transpercé sur La Croix répandre L'eau et Le Sang, et vous avez témoigné. Et nous savons que votre témoignage est véridique.

Saint Jean l'évangéliste, admirable témoin, fidèle de Jésus-Christ, priez pour nous Le Seigneur Jésus-Christ, Notre Sauveur et Rédempteur, afin que nous soyons tout amour et toute sainteté, et qu'ainsi nous puissions goûter un jour (et pour toujours) aux joies éternelles. Amen.

---

[1] Cette prière nous a été inspirée. Nous en remercions Dieu dans Sa Bonté, dans Sa Sagesse et Sa Sainteté.

« Dieu Personne ne l'a jamais vu,
Le Fils unique, qui est dans le sein du Père,
c'est Lui qui l'a fait connaître. »

Jean 1,18

« Un de ses disciples,
celui que Jésus aimait, se trouvait à table
dans le sein de Jésus »

(Jean 13,23)

Ouvrages de l'auteur

- « Évangile de Jésus Christ Fils de Dieu selon saint Marc. » (*Ed St Honoré*)
    Tome 1 : Jésus en Galilée.
    Tome 2 : Jésus hors de Galilée.
    Tome 3 : Jésus à Jérusalem, La Passion, La Résurrection et l'Ascension.

- **« Les douze gloires de Marie : Marie Mère de Dieu, Vierge Immaculée, Reine du Ciel et de l'Église… »** - *Ed St Honoré.*

- **« Saint Joseph Intercesseur »** - *Edition BOD*

- **« Sagesse du Guerrier de la Lumière »** – *Edition BOD* (Traduit aussi en espagnol : - **'Sabiduria del Guerrero de la luz'**).

- **« Saint Joseph Image visible du Dieu invisible – Alors Tu es Roi ? »** *Edition BOD*

- **« Jean le frère du Seigneur – L'homme qui a fait découvrir Jésus-Christ au monde. »** *Edition BOD.*

- **« Je vous salue saint Gabriel Archange – Neuvaine à l'Ange Gabriel. »** - *Edition BOD*

- « **Priez pour nous sainte Mère de Dieu – Prières et Neuvaines préparatoires pour les grandes fêtes mariales de décembre à mai.** » – *Edition. BOD.*

- « **Le Sacré-Cœur de Jésus Source de Miséricorde et Rayonnement d'Amour.** - La spiritualité du Sacré-Cœur la découvrir, la comprendre et la mettre en œuvre aujourd'hui. » - *Edition BOD.*

- « **Neuvaine à saint Joseph Maître de la maison de Dieu et Prince de tous ses biens.** » - *Edition BOD.*

- « **Gabriel, L'Ange Merveilleux** » *Ed. BOD*

- « **Les Noces de Cana** - Le troisième jour, il y eut un mariage à Cana Tel fut le commencement des signes que Jésus accomplit. » - *Edition BOD*

En Préparation :
- « Priez pour nous sainte Mère de Dieu – Prières et Neuvaines préparatoires pour les grandes fêtes mariales de juin à novembre. » – *Edition. BOD.*

Table des matières

Je vous salue saint Jean l'évangéliste 3

Ouvrages de l'auteur 5

Qui est saint Jean l'évangéliste ? 8

Conclusion 38

Prières 41

Remerciements 54

Qui est saint Jean l'évangéliste ?

Quand les temps furent accomplis, Dieu Le Fils, l'égal du Père,[2] Celui qui est Dieu de toute éternité, Celui qui sait tout, qui voit tout, qui connaît tout [3] et qui peut tout,[4] décida de Venir dans le monde sous la forme d'un homme semblable en tout aux autres hommes, sauf vis-à-vis du péché qu'il était venu effacer.[5]

---

[2] « Le Père et Moi, nous sommes un. » (Jean 10,30) – « Tout ce que Le Père fait, Le Fils le fait pareillement. » (Jean 5,19).

[3] « Nulle créature n'est cachée devant lui, mais tout est à nu et à découvert aux yeux de celui à qui nous devons rendre compte ». (Hébreux 4,13) ; ou : « Il révèle ce qui est profond et caché, il connaît ce qui est dans les ténèbres, et la lumière demeure avec lui. » (Daniel 2,22) ; ou encore : « Tu sais quand je m'assois, quand je me lève ; de très loin, tu pénètres mes pensées. » (Ps 138) - ... Dieu sait tout.

[4] « Rien n'est impossible à Dieu. » (Luc 1,37).

[5] « Il a effacé le billet de la dette qui nous accablait en raison des prescriptions légales pesant sur nous : il l'a annulé en le clouant à la croix. » (Col 2,14).

Pour accomplir Son œuvre de Salut et de Rédemption, La Trinité Éternelle envoya Son Messager, l'Ange Gabriel, auprès de Marie de Nazareth, une jeune fille vierge de la maison de David, mariée à un homme, lui aussi de la maison de David, appelé Joseph. L'Ange lui demandait de collaborer au plan de Dieu en devenant La Mère du Seigneur des seigneurs, La Mère de Dieu fait homme. Dès le commencement de l'œuvre de Rédemption, donc, Dieu montra que celle-ci ne s'accomplirait pas sans l'étroite collaboration des hommes. *« Dieu qui nous a créés sans nous ne veut pas nous sauver sans nous. »* (St Augustin).

De sorte que Jésus de Nazareth qui est Dieu de toute éternité, Lumière née de la lumière, Vrai Dieu né du Vrai Dieu et Vrai homme né d'une vraie femme poursuivit Sa Volonté initiale de trouver plus que des disciples : des partenaires, des compagnons, des amis, des frères : *« Il en choisit douze pour être ses compagnons. »* (Mc 3,14).

Parmi les douze et dès les premières œuvres, en particulier celle des Noces de Cana, se trouvait l'admirable saint Jean, dont le nom hébreu est *Yohannan*, ce qui signifie : *Dieu fait grâce.* Grâce qu'il faut comprendre dans le sens d'une profusion, d'un débordement d'amour : « *Dieu déborde de miséricorde* ».

L'admirable saint Jean est celui qui composa, selon la Tradition multicentenaire catholique et orthodoxe : l'évangile du même nom, l'Apocalypse et les trois épîtres de Jean.

Jean reposa sur Le Cœur du Christ au soir de La Cène et il reçut La Mère au pied de La Croix pour la garder jusqu'à sa Dormition et son Assomption. C'est Lui le seul des douze disciples à avoir vu Le Sacré-Cœur Transpercé par la lance répandre Le Précieux Sang et L'Eau qui rendent témoignages de l'Amour de Dieu. Ici se trouve ses trois plus grands titres de gloire. Mais il y en a bien d'autres, comme ceux d'avoir assister à tous les admirables discours du Verbe de Dieu et Ses miracles, spécialement *La Transfiguration sur le Thabor* et *la multiplication des pains* ou *les résurrections* de la fille de Jaïre, du fils de la veuve de Naïm et celle de Lazare.

Dans la sainte Église catholique, Saint Jean l'évangéliste est célébré le 27 décembre et dans les Églises Orthodoxes le 26 septembre.

C'est le 27 décembre 1673, le jour de la fête de saint Jean l'évangéliste, que Jésus-Christ manifesta à la messagère du Sacré-Cœur Marguerite-Marie Alacoque les merveilles de Son Amour.

Saint Jean l'évangéliste est représenté accompagné d'un aigle et d'un livre, auquel s'ajoute parfois un calice duquel sortent des serpents, et une cuve d'huile bouillante.

- *La cuve* fait référence à son martyre à Rome, selon La Tradition,[6] qui fut en même temps l'occasion d'un grand miracle, puisqu'il en sortit tel un nouveau Daniel sortant de la fournaise sans aucune trace de brûlures ou quelques incommodités.
- *Le livre* représente son évangile.
- La signification du *calice* nous est expliquée par Bède le Vénérable : un magistrat de Patmos qui voulait se débarrasser de saint Jean le mit au défi de boire une coupe empoisonnée. Notre admirable saint désirant lui démontrer la puissance du Sauveur prit la coupe, y apposa le signe de Croix et but d'un trait sans que nul mal ne lui arrive. À la vue de ce miracle le magistrat stupéfait se déclara converti.

---

[6] D'après La Légende Dorée de Jacques de Voragine, archevêque de Gênes. Révélations confirmées par les révélations d'Anne-Catherine Emmerich.

Notre Seigneur avait affirmé concernant ses véritables disciples : « *Ils prendront des serpents dans leurs mains et, s'ils boivent un poison mortel, il ne leur fera pas de mal.* » (Mc 16,18). Il avait aussi déclaré : « *Pouvez-vous boire la coupe que je vais boire, être baptisé du baptême dans lequel je vais être plongé ?* » (Mc 10,38). Notre Seigneur voulait parler du calice des persécutions et du martyre. Saint Jean illustra l'une et l'autre de ses paroles par les événements de sa vie.

Les historiens situent la naissance de Jean aux environs de l'an dix,[7] mais cette date est incertaine. Il avait donc approximativement vingt ans quand il connut Jésus.

Dans le monde personne n'a jamais été formé comme saint Jean l'évangéliste et personne ne le sera plus jamais ! Il fut premièrement le disciple de saint Jean Baptiste, le plus grand des fils de la femme (cf. Mt 11,11 et Lc 7,28) ; celui qui reçut les noms glorieux *de Précurseur, d'Ange du Seigneur, de Baptiseur du*

---

[7] Si on garde comme référence de naissance du Christ la référence actuelle. Le Sauveur, selon toute vraisemblance est né plus tôt qu'on ne le pense ; en l'an moins cinq (-5), selon notre datation actuelle.

Fils de Dieu, de *Témoin de L'Agneau*, (cf. Ml 3,1). Jean (Baptiste) est le dernier des prophètes et le premier des témoins, la charnière entre le crépuscule et l'aube, entre l'Ancien et le Nouveau Testament.

Saint Jean (Baptiste) fut donc le premier enseignant de saint Jean. Le Précurseur est (et demeure) pour toujours celui par lequel nous devons <u>tous</u> passer pour accomplir Le Désir de La Très Sainte Trinité et croire pleinement en Jésus-Christ : « *Jean (Baptiste) est venu comme témoin, pour rendre témoignage à la Lumière, afin que <u>tous</u> croient par lui.* » (St Jean 1,7).

C'est là une Volonté mystérieuse et irrévocable de La Très Sainte Trinité que nous passions par saint Jean (Baptiste) pour connaître véritablement Le Christ ; Volonté mystérieuse, mais bien réelle et toujours actuelle. Nous avons tous une mission en ce monde. Celle de Jean (Baptiste) en tant que Précurseur était de préparer les cœurs à la venue du Messie. Et si Notre Seigneur est *Le Semeur*, comme Il le dit de Lui-même (cf. Mc 4,3), alors nécessairement saint Jean-Baptiste qui le précède est *Le Laboureur* ; celui qui défriche les cœurs et les retourne en vue de la conversion. Celui-là est l'ouvrier fidèle qui travaille perpétuellement pour son Seigneur. Et quand Celui-ci paraîtra,

Jean-Baptiste se fera Témoin : « *Voici L'Agneau de Dieu, celui qui enlève le péché du monde* » (St Jean 1,29). Paroles sublimes et intemporelles prononcées il y a vingt siècles et répétées à l'infini à l'identique au cœur de chaque messe ! Paroles devenues même éternelles, puisqu'elles seront encore entendues au cœur du Paradis : *Voici L'Agneau de Dieu*.

L'Église, en Mère éducatrice de ses enfants, attire régulièrement nos regards sur Le Précurseur et spécialement pendant le temps de l'Avent. Le Baptiste est une grande figure adventiste[8], c'est-à-dire qui attend le Seigneur. Venue historique qui a eu lieu il y a quelque deux mille ans et venue mystique qui se s'actualise à chaque Eucharistie.

Cependant, aussi grand soit-il, quand le temps fut venu, Jean-Baptiste n'hésita pas à se retirer « *Il faut que lui il croisse et que moi je décroisse.* » (Jn 3,30) et désigner Celui qu'il fallait suivre désormais : « *Jean se trouvait là avec deux de ses disciples. Posant son regard sur Jésus qui allait*

---

[8] Adventiste ne se réfère pas ici au courant évangélique des adventistes, mais provient du terme "adventus" qui signifie : "venue" ou "arrivée". Ainsi, Jean (Baptiste) est la grande figure des évangiles qui attend (et prépare) La Venue du Seigneur.

et venait, il dit : " Voici l'Agneau de Dieu. " » (Jn 1,35-36). Et les disciples de Jean se détachèrent de lui pour s'attacher au Sauveur dès cette heure-là : « *Les deux disciples entendirent ce qu'il disait, et ils suivirent Jésus.* » (Jn 1,37). C'étaient saint Jean et saint André, frère de Pierre : « *Se retournant, Jésus vit qu'ils le suivaient, et leur dit : " Que cherchez-vous ? " Ils lui répondirent : " Rabbi – ce qui veut dire : Maître –, où demeures-tu ? " Il leur dit : "Venez, et voyez." Ils allèrent donc, ils virent où il demeurait, et ils restèrent auprès de lui ce jour-là. C'était vers la dixième heure* (cf. Jn 1,39).

Ce fut donc Jean (Baptiste) cet homme exceptionnel sanctifié dès le sein maternel (cf. Luc 1,41) qui forma le premier notre jeune saint Jean, et qui le remit avec ses autres disciples au Fils de Dieu. Notre Seigneur l'introduisit alors dans son cercle le plus intime. Cette position privilégiée de l'apôtre[9] est mise en évidence dans les trois évangiles synoptiques (Mt 10,2-5 ; Mc 3,16-19 ; Lc 6,13-16). Ainsi, à saint Pierre, saint Jacque et saint Jean, et à ces trois-là seulement, les élus parmi les élus, fut réservé l'honneur d'assister à la Résurrection de la fille

---

[9] Saint Jean n'est pas le seul à faire partie de ce groupe intime, son frère Jacques et Simon-Pierre partagent aussi ce privilège.

de Jaïre (Mt 9,18-26 ; Mc 5,21-43 ; Luc 8,41-56) et à *la Transfiguration*. Ils participèrent à ce que les rois et les prophètes n'avaient même pas osé imaginer : entendre La Voix du Père « *Celui-ci est mon Fils Bien-aimé, en qui je trouve ma joie, écoutez-le.* » (Mt 17,5) et contempler L'Ombre de Sa Gloire : *la nuée céleste*. Privilèges sublimes que ceux-là. Saint Jean fut de la Théophanie avec Pierre et Jacques et il en consigna la trace dans son prologue : *Nous avons contemplé sa gloire.* [10]

C'est encore notre admirable évangéliste qui avec saint Pierre reçut la mission de préparer *la Cène, le dernier repas du Rédempteur de ce monde*. Mission somptueuse et délicate que Notre Seigneur ne confia à personne d'autre. Notre

---

[10] Saint Pierre aussi aborde La Transfiguration dans sa deuxième lettre : « [1,16] Ce n'est pas en ayant recours à des récits imaginaires sophistiqués que nous vous avons fait connaître la puissance et la venue de notre Seigneur Jésus Christ, mais c'est pour avoir été les témoins oculaires de sa grandeur. [17] Car il a reçu de Dieu le Père l'honneur et la gloire quand, depuis la Gloire magnifique, lui parvint une voix qui disait : " Celui-ci est mon Fils, mon bien-aimé ; en lui j'ai toute ma joie ". [18] Cette voix venant du ciel, nous l'avons nous-mêmes entendue quand nous étions avec lui sur la montagne sainte. »

Sauveur désirait ardemment partager cette Pâque avec ses apôtres (Lc 22,15) et ce fut une joie pour Lui ; la dernière en ce monde. Saint Jean et saint Pierre par leur préparation de la sainte Cène participèrent à cette joie.

Ce repas qui a tant marqué saint Jean, il l'a longuement rapporté dans son évangile sur cinq chapitres complets,[11] ce qui est considérable puisqu'ils représentent quasiment un quart de l'œuvre pour quelques heures ... Mais quelles heures ! Le Sauveur allait y *laver les pieds de ses disciples, instituer la très sainte Eucharistie, mémorial de son amour* pour nous, prononcer d'admirables vérités qui allaient constituer Son Testament spirituel et nous promettre La Venue du *Paraclet, l'Avocat, Le Défenseur, L'Esprit de Vérité* (Jn 16,7), qui nous enseignerait encore d'autres choses que les disciples n'avaient pas à ce moment-là la force de porter (Jn 16,12).[12]

C'est au cours de ce dernier repas que saint Jean entendit les Pulsations du Sacré-Cœur en reposant sur la poitrine du Créateur : « *Or un de ses disciples, celui que Jésus aimait, était à table dans*

---

[11] Les chapitres 13 à 17, soit 5 chapitres sur 21.

[12] Certaines de ces vérités sont contenues dans l'œuvre même de saint Jean.

Le Sein de Jésus. » [13] (Jn 13,23). Souvent on retrouve des traductions édulcorées comme : « *Or un de ses disciples, celui que Jésus aimait, était à table sur le sein de Jésus.* » Ou : « *Un de ses disciples, celui que Jésus aimait, était à table contre Jésus.* » Ou encore : « *... penché vers Jésus / ou sur Jésus.* » Ces traductions ne rendent pas compte de la force de la pensée de saint Jean. C'est bien l'expression **"<u>dans</u> le Sein de Jésus"** ("en Kolpos Iesous") qui est la bonne, et non pas "sur le sein" ou "contre le sein" ; ou encore "contre la

---

[13] Nous signalons à notre bien-aimé lecteur et à notre bien aimée lectrice qu'il existe un livre sur **Le Sacré-Cœur** que Notre Seigneur nous a inspiré d'écrire et qui dit non seulement l'immensité de Son Amour pour nous, mais encore les exigences de cet Amour et les buts pour lesquels Il a désiré établir cette Dévotion au Sacré-Cœur. Le livre expose aussi les développements de cette Dévotion notamment : La Divine Miséricorde, Le Cœur Immaculé de Marie, Le Chaste Cœur de saint Joseph et bien d'autres choses encore... Nous vous invitons instamment à le lire pour monter jour après jour dans les niveaux de la grâce, de la connaissance et de l'Amour (cf. Ap 22,10-12 ; 2 Pierre 1,4-5 ; Osée 4,5). Le livre s'intitule : « **Le Sacré-Cœur de Jésus Source de Miséricorde et Rayonnement d'Amour** » (Il a pour sous-titre : La spiritualité du Sacré-Cœur : La découvrir, la comprendre et la mettre en œuvre aujourd'hui). **Ed BOD.**

poitrine" ; parce que saint Jean l'évangéliste n'a employé cette expression "en Kolpos" (dans le sein) qu'en un seul autre endroit de tout son évangile, en Jn 1,18 : « *Dieu, personne ne l'a jamais vu ; le Fils unique, Celui qui est <u>dans le sein du Père</u>, c'est Lui qui nous l'a fait connaître.* »

Jean était donc dans Le Sein de Jésus « comme » Jésus était dans Le Sein du Père. Il y a donc un transfert d'amour, de connaissance et de sainteté qui va du Père au Fils et du Fils à saint Jean. Saint Jean est le disciple le plus accompli du point de vue de l'amour et de la connaissance de Dieu. Il est un des archétypes du disciple du Sacré-Cœur. La Vierge Marie l'est aussi, de même que saint Joseph, et Marie-Madeleine aussi et tous ceux qui étaient au pied de La Croix et beaucoup d'autres saint(e)s encore, spécialement ceux qui ont chanté L'Amour et La Miséricorde de Dieu. Ainsi, ce que Jésus-Christ dans Sa Sainte humanité a reçu du Père Éternel Il l'a fait connaître à saint Jean l'évangéliste et celui-ci à son tour nous l'a fait connaître.

Le fait que cela soit saint Pierre et saint Jean qui préparent La Sainte Cène recèle un sens mystique très profond. Du point de vue spirituel, cette préparation est l'annonce que les saintes Églises Catholiques et Orthodoxes seraient celles qui au cours des siècles futurs auraient à perpétuer cet admirable Sacrement de l'Eucharistie et garder vivante cette parole du Christ : « *Ma chair est la vraie nourriture, et mon sang est la vraie boisson.* » (Jn 6,55).

Ce ne fut pas là la seule œuvre de nos deux apôtres ! Car, ce n'est pas seulement dans les moments de fêtes que l'on invite ses amis, mais bien aussi dans les moments de tristesse et d'angoisse. C'est dans ces moments qu'on a besoin d'être consolé et soutenu dans l'épreuve. Ceux-là sont vraiment les intimes du Seigneur qui connaissent à la fois ses peines et ses joies. Pas uniquement ses joies, ni seulement ses peines, mais bien ses peines et ses joies. Les trois apôtres, Pierre, Jacques et Jean furent ainsi choisis par Le Rédempteur pour être *les témoins* de son affliction et de son angoisse au Jardin de Gethsémani et aussi *ses consolateurs*. Le Sauveur les avait désignés depuis toute éternité pour soulager quelque peu son Cœur au *jardin des Oliviers* (cf. Mt 26,36 – 46 ; Mc 14,32-42).

Dans la nuit même, Le Sauveur fut arrêté, et c'est à distance que Pierre et Jean le suivirent. Ils allèrent jusqu'à entrer dans la cour du grand prêtre pour tenter de suivre au mieux la suite les événements (Jn 18,15-16).

Quand Notre Seigneur et Sauveur fut finalement condamné, notre glorieux apôtre fut le seul parmi les douze qui eut le courage d'affronter le monde, saint Pierre ayant renié trois fois avant que le coq n'ait chanté deux fois (Jn 18,27), comme le Rédempteur le lui avait prédit peu de temps auparavant (Mt 26,34).

Jean suivit son Seigneur au calvaire et le vit porter Sa Croix (Jn 19,17) et succomber sous son poids. Il alla jusqu'au pied de La Croix. Il assista à l'Agonie de Son Créateur et demeura auprès de La Mère pour la soutenir dans l'épreuve.

Surabondance de grâces et de bénédictions pour toi ô saint Jean. Les deux plus grands trésors du Christ : Son Cœur Sacré et Sa Très Sainte Mère te furent remis du haut de La Croix, ô admirable et si humble saint Jean (cf. Jn 19,26-35).

Notre apôtre fut là pour recevoir la vision du Sacré-Cœur transpercé - « *ce Cœur qui a tant aimé le monde et qui n'a reçu qu'ingratitude et mépris de la plupart* » [14] Jean vit Ce Divin Cœur se laisser transpercer et il le vit verser surabondamment dans le monde Le Sang et L'Eau, figures du Baptême et de L'Eucharistie (Jn 19,34). Ainsi, l'évangile de saint Jean est *l'évangile du Sacré-Cœur* et tous ceux qui ont une dévotion au Sacré-Cœur savent que c'est par le témoignage sans équivalent de Jean que nous avons la connaissance de ce Cœur transpercé. [15]

Louange et gratitude éternelles à toi ô saint Jean admirable apôtre du Sacré-Cœur.

Au pied de La Croix, Jésus-Christ livra aussi en plus de Son Cœur perpétuellement ouvert Son Testament d'amour : Le Saint-Esprit et Sa Mère qu'il confia à saint Jean : « *Voici Ta Mère.* » (Jn 19,26). Nous savons aussi que via l'apôtre bien-aimé, c'est toute l'humanité chrétienne qui

---

[14] Déclaration de Jésus à sainte Marguerite-Marie Alacoque, visitandine à Paray-le-Monial et coadjutrice du Sacré-Cœur.

[15] La dévotion au Sacré-Cœur nécessite un ouvrage complet. Voir par exemple le livre que nous avons écrit : « **Le Sacré-Cœur de Jésus Source de Miséricorde et Rayonnement d'Amour.** » - **Ed BOD.** Cette dévotion apporte des bénéfices temporels et éternels comme l'exposent les douze promesses du Sacré-Cœur. Mais cet ensemble de promesses ne sont pas là ce qu'il y a de plus important ; l'essentiel est ailleurs.

reçut, à cet instant, Marie pour Mère. Car La Croix n'est pas un évènement limité dans l'espace et dans le temps. Sa portée est universelle et éternelle. Aussi, c'est pour l'éternité que Marie est devenue Notre Mère à tous et saint Jean l'a reçue en notre nom.

Louange et gratitude éternelles à toi ô saint Jean admirable fils de La Vierge par la volonté du Seigneur.

Notre Seigneur confia aussi Jean, et par lui toute l'humanité, à la protection maternelle de La Très Sainte Mère de Dieu : « *Voici ton fils.* » L'apôtre soutint la Mère dans sa douleur, comme un fils véritable. Et ceux qui sont dévoués à Notre Seigneur le sont aussi à Sa Mère, La Vierge Marie et à son père datif saint Joseph. Ils ont aussi en toute logique d'amour une dévotion au Sacré-Cœur. Ceux-là ne sont pas nés de la chair, ni d'une volonté d'homme, mais de Dieu et pour Dieu (cf. Jn 1,13).

Ainsi, après avoir été ainsi formé par saint Jean-Baptiste, le plus grand des fils de la femme, après avoir été enseigné par La Sagesse Éternelle, Dieu fait homme, saint Jean reçut l'enseignement de La Croix et par la suite, le privilège inouï d'être enseigné par La Très sainte Mère de La Sagesse, celle que Le Seigneur a possédée dès le début de ses voies (Pr 8,22), L'Unique créature qui puisse dire : « *Je suis la mère du bel amour, de la crainte de Dieu et de la connaissance et aussi de la sainte espérance. J'ai reçu toute grâce pour montrer le chemin et la vérité. En moi est toute espérance de vie et de force.* » (Siracide 24,18)

Saint Jean, par ses deux prérogatives extraordinaires, celles d'être désigné comme le fils de L'Immaculée et celle de recevoir la garde de sa Virginité, était de fait *le représentant du Fils de Dieu sur Terre* et *le successeur de saint Joseph*, *l'Ambassadeur de Dieu sur Terre* et *le représentant du Saint-Esprit.*[16]

La seule présence de La Vierge pendant des années auprès de soi vaut bien plus que tous les livres de sagesse et de théologie de la terre réunis. C'est donc La Pleine de Grâce qui paracheva la formation du glorieux apôtre.

Et puisque selon La Tradition, La Mère de Dieu s'éleva en corps et en âme à 70 ans, un

---

[16] Pour plus d'information sur saint Joseph, Le Représentant du Père sur La Terre, voir notre livre : « **Saint Joseph image visible du Dieu invisible – Alors tu es Roi ?** » - **Ed BOD** où tout est expliqué en profondeur.

simple calcul montre que la Toute Pure resta avec saint Jean 21 ans ! [17] Cette durée est conséquente et je vous demande cher lecteur et chère lectrice de méditer quelques instants sur cette très présence de Marie auprès de Jean pendant plus de vingt ans.

Quand on sait les merveilles opérées en notre âme pour avoir eu la grâce de côtoyer une personne en odeur de sainteté pendant ne serait-ce qu'une seule heure, on peut imaginer à quelles hauteurs de sainteté a encore été élevés l'âme de saint Jean après avoir côtoyé Le Christ et Sa Mère. Quelles merveilleuses infusions une telle proximité peut avoir sur une âme aussi belle que celle de Jean ! La Vierge modela son nouveau Fils de son ineffable douceur. Elle fit pénétrer dans les profondeurs de son âme un plus grand amour encore du Sauveur et une plus grande connaissance de Ses mystères [18].

---

[17] Marie ayant eu Jésus à environ seize ans et Notre Seigneur ayant été Crucifié lorsqu'il avait 33 ans, La Vierge avait donc quarante-neuf ans (16+ 33 = 49) quand son Fils mourut. Et puisqu'elle-même s'éleva en corps et en âme à soixante-dix ans, cela nous donne bien vingt et un ans (49 + 21= 70).

[18] Ne serait-ce par les récits qu'elle lui fit de son enfance et toutes les anecdotes qu'elle ne manqua pas de lui raconter.

Qui donc a été formé comme saint Jean et qui donc le sera encore sur cette Terre ! Personne, cela est certain !

Ô admirable saint Jean, toi qui connais si bien Notre Seigneur et qui a pris un soin chaste et affectueux de sa Mère pendant plus de vingt ans, à l'imitation de l'inénarrable saint Joseph, image du Père sur la Terre, permet que nous t'adressions cet hymne en forme de louange, copiant ton prologue :

Au commencement était le Logos et le Logos était auprès de Dieu et Le Logos était Dieu. Il était au commencement et par Lui tout a été fait... Il y eut un homme choisi par Dieu, qui avait reposé en Son Sein, son nom était Jean. Jean n'était pas La Lumière, mais il devait réverbérer La Lumière. Il devait rendre témoignage à la Lumière après Sa mort et de Son Amour infinie pour les hommes. Il avait été élu par Dieu pour être témoin de La Lumière.

Jésus est la Lumière véritable venue dans le monde pour éclairer tout homme et Jean était son disciple favori. Il était le favori parce que sa chair était pure, innocent et vierge son esprit aussi. Comme une éponge mystique, il absorba la divine doctrine du Maître. Lui seul fut digne parmi les douze de contempler Le Soleil de Justice transpercé sur La Croix, Le divin Crucifié ; lui seul fut digne de voir Le Sacré-Cœur de Dieu ouvert. Enfin suprême honneur, il recueillit La Mère. Louanges et humeur à toi élu du Fils de Dieu.

Que de bontés, que de bontés ! *Que les bontés de Dieu sont grandes, comme Dieu est Bon !* Cela n'est-il pas trop pour un seul homme ?!
Mais cela n'est pas tout !
Notre admirable évangéliste reçut encore la consolation suprême de voir celui qu'il aimait tant Ressuscité. Ainsi, par amour, Dieu se manifesta à Jean et aux autres disciples.
L'évangéliste fut encore le témoin privilégié de la pêche miraculeuse (Jn 21,1-11) avec quelques autres comme : Pierre, Jacques, André, Thomas et Nathanaël,

Il sera par la suite souvent au côté de saint Pierre dans les premiers temps de l'Église. L'apôtre Paul les appelle *" les deux colonnes de l'Église"* (Galates 2,9), ce qui souligne le rôle de Jean et de Pierre comme piliers dans l'Église du Sauveur. On verra donc l'admirable saint Jean avec le premier vicaire du Christ guérir *l'infirme de naissance* au nom de *Jésus-Christ le Nazaréen* (cf. Actes 3, 1-11). Ce miracle eut d'incalculables conséquences puisqu'il fut suivi d'un discours de saint Pierre aux juifs stupéfiés par ce prodige. Par ses paroles, le Vicaire du Christ convertit en quelques minutes cinq mille juifs (cf. Ac 3,12 - 4,4 et 4,32). Saint Jean aussi participa à cette conversion impressionnante (cf. Actes 4,1).

La grâce de Dieu était à l'œuvre, comme Jésus l'avait promis (Mc 16,20 et Mt 28,20. Pour ne mentionner qu'un effet parmi des milliers, citons celui de *saint Barnabé* se donnant sans plus aucune réserve au Christ et à son Église. Cet homme juif était lévite et originaire de Chypre. Son cousin était saint Marc (le futur évangéliste, cf. Col 4,10). Barnabé faisait déjà partie des soixante-douze disciples, selon saint Iréné. Il avait même été pressenti pour être le douzième apôtre en remplacement de Juda, mais le sort avait désigné Matthias (cf. Ac 1,1 à 1,26). Le Saint-Esprit avait en effet d'autres projets pour notre admirable saint Barnabé. Il voulait faire de lui l'intercesseur de Saul de Tarse (saint Paul) auprès des apôtres (cf. Ac 9,27) et par la suite les ferait tous les deux missionnaires *de l'évangile* (Actes 13,2).

Ainsi, *Barnabé* encouragé par le miracle de l'infirme de naissance et cette conversion massive des juifs décida d'offrir à l'Église l'argent reçu de la vente d'un champ qu'il possédait (cf. Ac 4,37). Il prit ensuite la ferme résolution d'aller plus avant dans son engagement et de mettre en œuvre le précepte mystique du Sauveur : « *Avancez en eau profonde et jetez vos filets.* » (Luc 5,4). Par saint Barnabé nous sont venus saint Paul et saint Marc à l'évangélisation et la conversion d'une foule immense que nul ne peut dénombrer, sinon Dieu seul.

Le Tout-Puissant paye bien. Il remet toujours au centuple ce que nous lui offrons de bon cœur. C'est ce don généreux de l'argent du terrain qu'il avait vendu qui augmenta la grâce chez saint Barnabé (He 6,10-11), tout comme ce fut le bouc sacrifié par Abraham après qu'Isaac fut sauvé par l'Ange qui augmenta encore les bénédictions de Yahvé (cf. Gn 22,13-18).

Ainsi, ce miracle initial de l'infirme de naissance dans lequel saint Jean fut un participant de premier ordre entraîna de fil en aiguille une cascade de conversions : une plus grande implication de saint Barnabé, l'intégration de saint Paul, le départ en mission de saint Marc par la suite (cf. Ac 13) et une multitude de conversions… On constate encore l'importance considérable de ce miracle de saint Pierre et de saint Jean en faveur de l'infirme, quand on sait que saint Marc sera l'auteur d'un des quatre évangiles canoniques et quand on examine l'influence colossale qu'aura saint Paul sur la chrétienté par la suite : fondations de très nombreuses Églises (Corinthe, Éphèse, Colosse, Thessalonique …), nombreux écrits canoniques (lettre aux Romains, aux Corinthiens, aux Éphésiens, aux Galates, aux Philippiens …), orientation non judaïsante de l'Église (cf. Ac 15).[19] qui a donné un tournant décisif vis-à-vis de la circoncision et d'autres préceptes juifs, comme Dieu le voulait.

Ce n'est pas uniquement en cet endroit de l'Écriture que saint Jean et saint Pierre, images des Églises Catholique et Orthodoxe, œuvrent de concert. Ils participent tous les deux à l'élan missionnaire de l'Église du Christ.

Ainsi, on les voit tous les deux enseignant au peuple la résurrection des morts avec un vif succès (Ac 4,1) ; ce qui a pour conséquence leur arrestation par les prêtres et les scribes, puis leur comparution devant le grand prêtre, Anne (cf. Ac 4,6). C'est là qu'ils rendirent aux autorités religieuses le témoignage public de leur appartenance au Christ (Ac 4,8 - 12). À

---

[19] Cette orientation non judaïsante est une évolution majeure de l'Église du Christ, voir une rupture avec la religion juive.

l'éloquence de leurs paroles et devant l'évidence du miracle opéré en Actes 3, les autorités furent contraintes de les relâcher (Ac 4,14-21). Ce fut là une victoire de la Révélation et elle passa par saint Pierre et saint Jean.

L'action commune des deux apôtres apparaît encore sous la plume de saint Luc au chapitre huit des Actes des Apôtres. Le collège de Jérusalem les envoie en Samarie pour parachever l'œuvre d'évangélisation entreprise par le diacre *Philippe*. Celui-ci sous l'impulsion du Saint-Esprit avait déjà converti beaucoup de Samaritains (cf. Ac 8,14-25). Il accomplissait la moisson vue par Notre Seigneur quand Il parlait à ses disciples après s'être entretenu avec la Samaritaine (cf. Jn 4,35-38).

Nos deux glorieux apôtres vinrent donc prier pour faire descendre sur les samaritains L'Esprit-Saint.[20] Vraiment, Dieu voulait étendre Sa Grâce à tous et Il a remis pour cela de grands pouvoirs aux mains de ses élus !

---

[20] Cette action de Pierre et Jean succédant à celle de Philippe nous évoque la confirmation que donne l'Évêque, quelque temps après la première communion reçue du prêtre de la paroisse.

On retrouve encore saint Jean et saint Pierre avec saint Paul lors du *concile de Jérusalem*, aux environs de l'an 50 (cf. Ac 15).

Les deux prestigieux apôtres font un accueil favorable à l'apôtre Paul sur sa demande que la circoncision ne soit pas imposée aux païens (Ga 2,9). La question sera encore fort débattue, mais finalement c'est l'opinion de Paul qui prévaudra, malgré les réticences de beaucoup (cf. Ac 15,19), et elle fut défendue et appuyée par saint Jacques, saint Pierre et notre admirable saint Jean.

Le nom glorieux de l'apôtre bien-aimé disparaît juste après dans le livre des actes des apôtres, de sorte que lors du retour de saint Paul à Jérusalem, certainement en 58, celui-ci ne parle plus de saint Jean (ni de saint Pierre), mais simplement de frères dans Le Christ, ce qui laisse penser que les deux glorieux apôtres n'étaient plus dans la ville sainte. Qu'est donc devenu saint Jean ?

Heureusement pour répondre à cette question, nous disposons d'autres sources, elles aussi dignes de confiance. Selon saint Iréné originaire d'Asie mineur et premier évêque de Lyon (178), saint Jean partit avec Marie pour Éphèse, après le concile de Jérusalem (cf. Contre les Hérésies), car la tension avec les juifs devenait extrême et il craignait pour sa vie et celle de La Mère de Dieu. Saint Jean appliquait ici ce que Notre Seigneur préconisait : « *Quand on vous persécutera dans une ville, fuyez dans une autre.* »' (Mt 10,23). Saint Iréné situe leur départ pour Ephese vers l'an 65. Cependant, nous pensons, selon la remarque que nous avons faite concernant la lettre de saint Paul (pas de présence de saint Jean en 58), qu'il est plus probable que leurs départs soient antérieurs : au plus tard vers 53-54, et même certainement entre 51 et 53.

- Pourquoi proposons-nous ces dates ?

À cause de la Tradition de l'Église et de révélations privées. Marie d'Agreda, religieuse mystique catholique témoigne dans son livre, la Cité mystique de Dieu que la Vierge est montée en corps et en âmes au Ciel à 70 ans.[21] Or, L'Église situe cette Assomption à Éphèse, en présence de saint Jean.[22] Un rapide calcul

---

[21] La Très Sainte Mère de Dieu s'est endormie un vendredi 13 août à 15h, à 70 ans moins 26 jours. Citée Mystique de Dieu, Marie D'Agreda (Livre 8, chap. 19, paragr. 742).

[22] Une autre Tradition situe cette Assomption à Jérusalem, à la suite d'un écrit apocryphe *Transitus Virginis* que saint Jean Damascène tenait pour exact

montre que si Marie avait effectivement quinze ans à la naissance du Sauveur, elle avait alors atteint l'âge de 70 ans en *l'an 55*. Cette date de l'an 55 constitue donc une limite pour le départ de Jérusalem vers Éphèse.

De plus l'activité pastorale de saint Jean à Éphèse, mentionnée à plusieurs reprises par les pères de l'Église, n'aurait pas pu se déployer autant en une seule année, c'est peu probable. Au final si on compte deux à quatre ans d'activité pastorale, comme pour le Sauveur (ce qui est plus raisonnable), et qu'on garde en tête la date du Concile de Jérusalem où Jean était présent, cela nous donne une date de départ comprise entre 51 et 53. [23]

Trois motifs principaux sont à l'origine de ce départ de Jean et de Marie vers Éphèse. Premièrement leur sécurité : les autorités juives sont de plus en plus hostiles à la nouvelle Église

---

quant à l'aspect historique. Cependant, Marie d'Agreda et Anne-Catherine Emmerich situent toutes les deux cette Assomption à Éphèse, ce que nous croyons aussi.

[23] L'an 55 moins deux ou quatre ans d'activités pastorales mènent à une date d'arrivée entre 53 et 51 (étant entendu que le voyage de Jérusalem à Éphèse dura moins d'un an).

et les armées romaines menacent la Judée et Jérusalem. Nous savons que ces tensions aboutiront à la prise de Jérusalem, suite à un siège des légions menées par le général Titus en 70 et à la destruction quasi totale du Temple.

Deuxièmement, les Églises d'Asie Mineure et d'Éphèse sont en plein essor et pleines de vitalité. Elles seront donc un lieu accueillant pour l'apôtre et Marie.

Enfin, et malheureusement, des hérésies que l'apôtre Paul avait prophétisées (cf. Ac 20,29) commencent à germer et croître ; l'ivraie est en train de pousser avec le bon grain.

Ainsi, et c'est la troisième raison principale, ces Églises ont besoin de pasteurs éclairés par l'Esprit-Saint pour les garder dans la vérité. Saint Jean va prendre une part importante par son combat contre les hérésies dans la vie de toutes ces Églises. Ses trois lettres et son évangile combattent plusieurs hérésies et insistent spécialement sur le thème de la double nature de *Jésus de Nazareth vrai Dieu et vrai homme* : « *Et Le Verbe s'est fait chair.* » (Jn 1,14).

L'influence de saint Jean se fait sentir bien au-delà d'Éphèse et en particulier dans toutes les autres Églises d'Asie Mineure. L'empereur Domitien, cruellement connu, s'inquiète de ce développement rapide de l'Église du Christ dans ces régions. Il ordonne de faire prisonnier l'apôtre et de le mener à Rome pour lui faire subir le martyre.

C'est ainsi que saint Jean est fouetté jusqu'au sang puis plongé dans une cuve d'huile bouillante, comme cela apparaît sur certaines représentations. Notre admirable saint ressortira non seulement indemne, mais comme revigoré par ce bain qu'on eut dit de jouvence pour lui. Qui plus est, ses plaies dues aux coups de fouet sont guéries ; il est plus vigoureux que jamais ! L'empereur n'en revient pas ! N'ayant pu lui faire renier sa foi au Christ, ni lui ôter la vie, il l'exile par dépit sur l'île de Patmos, entre 80 et 96. C'est là que notre admirable auteur écrira les pages inégalables de l'Apocalypse.

Par la suite, le successeur de Domitien, l'empereur Nerva, autorise le retour de saint Jean à Éphèse entre 96 et 98 (au grand regret des habitants de Patmos qu'il avait convertis en très grand nombre). C'est dans cette ville d'Éphèse que l'évangéliste fermera ses yeux de chairs sous le règne de Trajan (98-117) à 101 ans. Jean l'évangéliste était alors connu comme le dernier des douze apôtres, celui qui avait vu, entendu et touché Le Fils de Dieu, Le Verbe fait chair.

On lui donnait alors le nom de *l'Ancien* et il ne parlait plus que de *l'Amour de Dieu* pour les hommes et de l'amour que les hommes devaient avoir envers Dieu et entre eux. C'est de saint Jean que nous vient cette admirable vérité qui résume en une seule phrase toute la Sainte-Écriture :

Dieu est Amour

Conclusion

La principale mission de saint Jean dans le monde était de prendre soin de la Mère de Dieu et de manifester L'Amour de Dieu au monde. C'est cette connaissance de Dieu qui conduit à la vie éternelle : « ***La vie éternelle c'est qu'ils te connaissent, toi, le seul vrai Dieu, et celui que tu as envoyé, Jésus-Christ.*** » (Jn 17,3).

Saint Jean a terminé la première conclusion de son évangile par ces mots : « *29 Parce que tu m'as vu, tu crois. Heureux ceux qui croient sans avoir vu.* » Et d'ajouter : « *30 Il y a encore beaucoup d'autres signes que Jésus a faits en présence des disciples et qui ne sont pas écrits dans ce livre. 31 Mais ceux-là ont été écrits pour que vous croyiez que Jésus est le Christ, le Fils de Dieu, et pour qu'en croyant, vous ayez la vie en son nom.* » (Jean, 20).

Dans sa première lettre, saint Jean écrivait son Testament d'amour, celui que certainement Le Fils lui avait demandé de transmettre aux hommes :

« ¹¹ Bien-aimés, puisque Dieu nous a tellement aimés, nous devons, nous aussi, nous aimer les uns les autres. ¹² Dieu, personne ne l'a jamais vu. Mais si nous nous aimons les uns les autres, Dieu demeure en nous, et, en nous, son amour atteint la perfection.

¹³ Voici comment nous reconnaissons que nous demeurons en lui et lui en nous : il nous a donné part à son Esprit. ¹⁴ Quant à nous, nous avons vu et nous attestons que le Père a envoyé son Fils comme Sauveur du monde. ¹⁵ Celui qui proclame que Jésus est le Fils de Dieu, Dieu demeure en lui, et lui en Dieu.

¹⁶ Et nous, nous avons reconnu l'amour que Dieu a pour nous, et nous y avons cru. <u>Dieu est amour</u> : qui demeure dans l'amour demeure en Dieu, et Dieu demeure en lui.

¹⁷ Voici comment l'amour atteint, chez nous, sa perfection : avoir de l'assurance au jour du jugement ; comme Jésus, en effet, nous ne manquons pas d'assurance en ce monde. ¹⁸ Il n'y a pas de crainte dans l'amour, l'amour parfait bannit la crainte ; car la crainte implique un châtiment, et celui qui reste dans la crainte n'a pas atteint la perfection de l'amour. » (Première lettre de Jean, chapitre 4).

Dieu n'a pas dit Lui-même qu'Il est Amour, Il a laissé saint Jean le dire. À nous de le redire à sa suite :

Dieu est Amour...

Et de le manifester.

Prières

« Jésus, Marie, Joseph, je vous aime (dans La Divine Volonté et je respire dans Votre Amour)*. Sauvez les âmes des prêtres ; sauvez les âmes. Nous vous le demandons humblement ; et que nous puissions répéter cet *Acte d'Amour mille fois* à chaque respiration, à chaque battement de cœur ». [24]

---

[24] Cette prière a été donnée sous le nom de : « L'ACTE D'AMOUR. » à Justine Klotz, mystique allemande. Nous avons ajouté la partie entre parenthèse d'après les révélations de Jésus-Christ à Luisa Piccarretta sur : « La vie dans La Divine Volonté »

Notre Seigneur lui dit : « Priez assidûment L'ACTE D'AMOUR ! C'est la clef qui ouvre. Rien ne lui demeure fermé... Je déverserai toute Ma Miséricorde sur vous, pour que chacun puisse rentrer au bercail. Donc, priez assidûment L'ACTE D'AMOUR. Bien des gens négligent tout ! Vous au moins, faites bien attention à Mes paroles, engagez-vous dans la prière de l'ACTE D'AMOUR ! Cela apporte de la Lumière. Tout le monde y a part, bien plus au-delà de la tombe ! Avec votre amour vous devez répondre à celui du Père, avec l'Acte d'Amour... » Par la récitation assidue de cette prière vous sauverez certainement vos âmes et avec la vôtre beaucoup d'autres.

Litanies de saint Jean l'évangéliste

Seigneur, *ayez pitié de nous.*
Jésus-Christ, *ayez pitié de nous.*
Seigneur, ayez pitié de nous.
Jésus-Christ, *écoutez-nous.*
Jésus-Christ, *exaucez-nous.*

Père céleste, vrai Dieu, *ayez pitié de nous.*
Fils Rédempteur du monde, qui êtes Dieu,
ayez pitié de nous.
Esprit-Saint, qui êtes Dieu,
ayez pitié de nous.
Trinité sainte, qui êtes un seul Dieu,
ayez pitié de nous.

Très sainte Vierge Marie, à qui saint Jean fut donné comme remplaçant de Jésus et de saint Joseph, *priez pour nous.*

Saint Jean, qui avez mérité d'être appelé le disciple que Jésus aimait, *priez pour nous.*

Saint Jean, qui avez été ravi d'admiration en voyant Jésus glorifié sur le Thabor, *priez pour nous.*

Saint Jean, qui vous êtes reposé comme un enfant du Ciel sur le sein du Sauveur, *priez pour nous.*

Saint Jean, qui dans la dernière Cène, avez reçu avec tant d'amour l'adorable Eucharistie, *priez pour nous.*

Saint Jean, qui avez suivi fidèlement Jésus dans ses souffrances, *priez pour nous.*

Saint Jean, qui êtes resté aux pieds du Rédempteur pendant les trois longues heures de son agonie sur la croix, *priez pour nous.*

Saint Jean, qui bénissiez Jésus autant de fois qu'il était blasphémé par ses bourreaux, *priez pour nous.*

Saint Jean, qui partagiez toutes les angoisses qu'endurait alors la Mère de douleur, *priez pour nous.*

Saint Jean, unique héritier du plus grand trésor du Rédempteur, *priez pour nous.*

Saint Jean, qui au pied de la croix, teniez la place de tous les enfants de la Mère des miséricordes, *priez pour nous.*

Saint Jean, qui avez senti votre cœur se fendre de douleur quand celui de Jésus fut percé par une lance, *priez pour nous.*

Saint Jean, qui le premier des apôtres, avez reconnu le Sauveur après sa résurrection, *priez pour nous.*

Saint Jean, qui par votre pureté angélique, avez obtenu la faveur de vivre dans la société de la Vierge des vierges, *priez pour nous.*

Saint Jean, qui fûtes instruit par Marie de profonds mystères que le monde ignore, *priez pour nous.*

Saint Jean, qui fûtes témoin du bienheureux trépas de Marie et dont le corps la suivit au Ciel, *priez pour nous.*

Saint Jean, comparé à un aigle céleste par votre sublime contemplation des mystères divins, *priez pour nous.*

Saint Jean, qui brillez dans le Paradis à côté de Saint Joseph, *priez pour nous.*

Saint Jean, lys admirable de candeur et d'innocence, *priez pour nous.*

Saint Jean, flamme ardente de la divine charité, *priez pour nous.*

Saint Jean, défenseur de l'Église contre les hérétiques que vous avez toujours combattus, *priez pour nous.*

Saint Jean, modèle des prêtres de Jésus-Christ, *priez pour nous.*

Saint Jean, zélé protecteur des âmes consacrées au Sacré-Cœur, *priez…*

Agneau de Dieu qui effacez le péché du monde, *pardonnez-nous Seigneur.*
Agneau de Dieu qui effacez le péché du monde, *exaucez-nous Seigneur.*
Agneau de Dieu qui effacez le péché du monde, *ayez pitié de nous Seigneur.*

V. Priez pour nous, disciple bien-aimé du Christ.
R. Afin que nous soyons dignes des promesses de Jésus-Christ

Prions : Seigneur Jésus, qui avez aimé votre glorieux apôtre saint Jean de toute l'étendue de votre charité et qui lui avez confié votre très sainte Mère, accordez-nous les grâces que nous vous demandons. Nous vous en supplions, Seigneur, par l'intercession du bienheureux saint Jean. Amen.

Litanies de La Vierge Marie (litanies de Lorette) :

Seigneur, ayez pitié de nous.
Jésus-Christ, ayez pitié de nous.
Seigneur, ayez pitié de nous.
Jésus-Christ, écoutez-nous. Jésus-Christ, exaucez-nous.
Père céleste, qui êtes Dieu, ayez pitié de nous.
Fils, Rédempteur du monde, qui êtes Dieu,
Esprit-Saint, qui êtes Dieu,
Trinité Sainte, qui êtes un seul Dieu,

Sainte Marie, *priez pour nous.*
Sainte Mère de Dieu, *priez pour nous.*
Sainte Vierge des vierges, *priez pour nous.*
Mère du Christ, *priez pour nous.*
Mère de la divine grâce, *priez pour nous.*
Mère de l'Église, *priez pour nous.*

Mère très pure, *priez pour nous.*
Mère très chaste, *priez pour nous.*
Mère toujours Vierge, *priez pour nous.*
Mère sans tache, *priez pour nous.*

Mère aimable, *priez pour nous.*
Mère admirable, *priez pour nous.*
Mère du bon conseil, *priez pour nous.*
Mère du Créateur, *priez pour nous.*
Mère du Sauveur, *priez pour nous.*

Vierge très prudente, *priez pour nous.*
Vierge vénérable, *priez pour nous.*
Vierge digne de louanges, *priez pour nous.*
Vierge puissante, *priez pour nous.*
Vierge clémente, *priez pour nous.*
Vierge fidèle, *priez pour nous.*

Miroir de justice, *priez pour nous.*
Trône de la sagesse, *priez pour nous.*
Cause de notre joie, *priez pour nous.*
Vase spirituel, *priez pour nous.*
Vase d'honneur, *priez pour nous.*
Vase insigne de dévotion, *priez pour nous.*

Rose mystique, *priez pour nous.*
Tour de David, *priez pour nous.*
Tour d'ivoire, *priez pour nous.*
Maison d'or, *priez pour nous.*
Arche d'alliance, *priez pour nous.*

Porte du ciel, *priez pour nous.*
Étoile du matin, *priez pour nous.*

Salut des infirmes, *priez pour nous.*
Refuge des pécheurs, *priez pour nous.*
Consolatrice des affligés, *priez pour nous.*
Secours des chrétiens, *priez pour nous.*

Reine des Anges, *priez pour nous.*
Reine des Patriarches, *priez pour nous.*
Reine des Prophètes, *priez pour nous.*
Reine des Apôtres, *priez pour nous.*
Reine des Martyrs, *priez pour nous.*
Reine des Confesseurs, *priez pour nous.*
Reine des Vierges, *priez pour nous.*
Reine de tous les Saints, *priez pour nous.*

Reine conçue sans le péché originel, *priez pour nous.*
Reine élevée aux cieux, *priez pour nous.*
Reine du très saint Rosaire, *priez pour nous.*
Reine de la paix, *priez pour nous.*

Agneau de Dieu, qui effacez les péchés du monde, *pardonnez-nous, Seigneur.*
Agneau de Dieu, qui effacez les péchés du monde, *exaucez-nous, Seigneur.*
Agneau de Dieu, qui effacez les péchés du monde, *ayez pitié de nous Seigneur.*

Priez pour nous, Sainte Mère de Dieu,
Afin que nous devenions dignes des promesses de Jésus- Christ.

Prions : Seigneur, daignez nous accorder, à nous, vos serviteurs, de jouir toujours de la santé de l'âme et du corps ; et par la glorieuse intercession de la bienheureuse Marie toujours Vierge, délivrez-nous des tristesses de la vie présente, et donnez-nous d'avoir part aux joies éternelles. Par Jésus-Christ, Notre Seigneur. Ainsi soit-il.

Litanies de la Sainte Famille :

Seigneur, ayez pitié de nous.
Jésus-Christ, ayez pitié de nous. Seigneur, ayez pitié de nous.
Jésus-Christ, écoutez-nous. Jésus-Christ, exaucez-nous.
Père céleste, qui êtes Dieu, ayez pitié de nous
Fils, rédempteur du monde, qui êtes Dieu, ayez pitié de nous.
Saint-Esprit, qui êtes Dieu, ayez pitié de nous.
Sainte Trinité, qui êtes un seul Dieu, ayez pitié de nous.

Sainte Famille, du Verbe incarné, *ayez pitié de nous.*
Sainte-Famille, image de l'auguste Trinité sur la terre, *ayez pitié de nous.*
Sainte Famille objet des complaisances du Père céleste, *ayez pitié de nous.*
Sainte Famille, comblée de tous les dons de la grâce, *ayez pitié de nous.*
Sainte-Famille, modèle parfait de toutes les vertus, *ayez pitié de nous.*

Sainte Famille, digne de l'amour de tous les cœurs, *ayez pitié de nous.*
Sainte-Famille, trésor des élus, …
Sainte-Famille, délices du paradis, …
Sainte-Famille, objet de la vénération des Anges, …
Sainte Famille, méprisée des hommes, mais grande aux yeux de Dieu, …

Sainte Famille, qui avez été rebutée de Bethléem et obligée de vous réfugier dans une étable, *ayez pitié de nous.*
Sainte Famille, visitée par des bergers au moment de la naissance du Sauveur, …
Sainte-Famille, qui avez entendu les concerts des Anges en l'honneur de Jésus naissant, …

Sainte-Famille, qui avez reçu les respects et les présents des Mages, *ayez pitié de nous.*

Sainte-Famille, qui avez obéi sans délai à la voix de l'Ange qui vous ordonnait de fuir en Égypte au travers de mille dangers, ...
Sainte Famille, qui avez été obligée de vous dérober par la fuite à la persécution d'Hérode,..
Sainte Famille, exilée dans une terre étrangère,

Sainte Famille, qui avez vécu cachée et inconnue au monde, *ayez pitié de nous.*
Sainte-Famille, qui avez mené une vie pauvre, laborieuse et pénitente, ...
Sainte-Famille, qui avez gagné votre pain à la sueur de votre front, ...
Sainte-Famille, pauvre des biens de la terre, mais riche des biens du ciel, ...
Sainte-Famille, modèle de charité, de paix et d'union, *ayez pitié de nous.*

Sainte-Famille, dont toute la conversation était dans le Ciel, *ayez pitié de nous.*
Sainte-Famille, dont la vie fut une oraison et une contemplation continuelle, ...
Sainte-Famille, consolation des affligés, espérance de ceux qui vous invoquent, et modèle de toutes les familles chrétiennes, ...

Agneau de Dieu, qui effacez les péchés du monde, *pardonnez-nous, Seigneur.*
Agneau de Dieu, qui effacez les péchés du monde, *exaucez-nous, Seigneur.*
Agneau de Dieu, qui effacez les péchés du monde, *ayez pitié de nous, Seigneur.*
Jésus, *écoutez-nous. Jésus, exaucez-nous.*

Prions : Seigneur Jésus, Fils unique qui par amour pour nous, vous êtes fait enfant et n'avez pas dédaigné de mener pendant trente ans une vie pauvre et cachée au monde, humblement soumis à Marie, votre mère, et à Joseph, accordez-nous la grâce d'imiter ici-bas, votre profonde humilité, afin que nous puissions avoir part à votre gloire dans le Ciel ; Vous qui vivez et régnez en l'unité du Saint-Esprit, dans tous les siècles des siècles. *Ainsi soit-il.*

Trois prières à son ange Gardien :

« Seigneur, dans ta mystérieuse providence, tu envoies les anges nous garder ; daigne répondre à nos prières en nous assurant le bienfait de leur protection et la joie de vivre en leur compagnie pour toujours. Par Jésus Christ, ton Fils, notre Seigneur. Amen. » (Prière liturgique à nos Anges Gardiens du Missel Romain).

« Nous t'en supplions, Seigneur, visite cette maison, et repousse d'elle toutes les embûches de l'ennemi ; que tes saints anges viennent l'habiter pour nous garder dans la paix ; et que ta bénédiction demeure à jamais sur nous. Par Jésus le Christ, notre Seigneur. Amen. » (Prière de la Liturgie des Heures à nos Anges Gardiens aux Complies).

« Ange de Dieu qui êtes mon gardien par un bienfait de la divine providence, éclairez-moi, protégez-moi, dirigez-moi et gouvernez-moi. Ainsi soit-il. » (Saint Vincent Ferrier).

Remerciements

Mes remerciements sincères à ma mamie, Ginette Salinière, pour ses patientes lectures, à Mme Dominique de Pompignan, Mme Naura et M. Marc-Olivier Bellemare, à ma famille pour son soutien ainsi que ma maman, ma sœur, mon parrain, ma marraine, mes tantes Chantal, Annie-Claude et Maryvonne, mes oncles, mes cousins et mes cousines, mes amis, pour leur amour, leurs prières et leur soutien.

Je remercie tous ceux qui me soutiennent de leurs prières et de leur bienveillance, et je pense spécialement à ceux qui me suivent de livre en livre et qui se réjouissent d'apprendre à chaque nouvelle sortie.

Je remercie Le Père et Son Fils Jésus-Christ, Notre Seigneur et Notre Frère, Le Saint-Esprit et Toute La Cour Céleste, spécialement saint Joseph, La Vierge Marie et saint Jean Baptiste de m'accorder le privilège de les servir ! Bénis soient-ils !

Si ce livre vous a plu, n'hésitez pas à le faire connaître, c'est aussi une manière de vous engager pour Dieu.